Renate & Georg Lehmacher

Das kleine Buch der *guten Wünsche* zur Weihnacht

von

....

für

....

Pattloch

Ein offenes Herz

Ich wünsche dir,
dass du in deinem Leben
stets offene Herzen
und offene Türen findest.

Ich wünsche mir,
dass dich niemand draußen
vor der Tür stehen lässt,
wenn es kalt ist um dich und du frierst,
dass man dich herzlich willkommen
heißt und du wahre Gastfreundschaft
erleben darfst.

Engel kann man nicht kaufen,
aber man kann ihnen begegnen.

Unbekannt

Dein Weg

Ich wünsche dir,
dass du in deinem Herzen
Ruhe findest.

Ich wünsche mir,
dass alle Zweifel und Ängste
von dir abfallen
und dass du ruhig, sicher
und gelassen
deinen ganz persönlichen
Weg gehst.

Das ist groß und schön,
von Kleinem glücklich zu werden.

Jeremias Gotthelf

Geborgenheit

Ich wünsche dir
Wärme und Geborgenheit
und Menschen, bei denen du dich
fallen lassen kannst.

Ich wünsche mir,
dass du den Mut hast,
deine Fragen und Zweifel
mit anderen zu teilen.
Ich wünsche dir,
dass du Zärtlichkeit findest
und Nähe,
die dir gut tut.

Geborgenheit sind zwei offene Arme,
die einen umschließen und in denen man
sich sicher fühlt, aber nicht eingeengt.

Unbekannt

Tag für Tag

Ich wünsche dir,
dass du von Tag zu Tag
weiterkommst in der Kunst
ein Mensch zu werden.

Ich wünsche mir,
dass du dich niemals
mit dem Mittelmaß begnügst.
Gib nicht auf,
setze dir hohe Ziele
und lass den Kopf nicht hängen,
wenn du enttäuscht und
zurückgeworfen wirst.

Es mag sein, dass ich meine Ziele nie erreichen werde,
aber ich kann sie schauen, mich an ihnen erfreuen
und sehen, wohin sie mich leiten.

Amos Bronson Alcott

Geschenke

Ich wünsche dir die Gabe
zu schenken und selbst
ein Geschenk zu sein.

Ich wünsche mir,
dass wir alle von dir profitieren dürfen,
von deiner Lebenserfahrung,
deiner Güte, deiner Zeit.

Glücklich sind die Menschen,
wenn sie haben, was gut für sie ist.

Plato

Weihnachtssegen

Ich wünsche dir,
dass du den Segen des
Weihnachtsfestes spürst und selbst
für andere zum Segen wirst.

Ich wünsche mir,
dass Segen ruht auf allen Dingen,
die du anpackst,
dass deine Pläne gelingen mögen,
dass deine Wünsche für
Freunde und Verwandte
sich erfüllen lassen und
dass du genügend Zeit hast für alles,
was dir wichtig ist.

Nimm dir Zeit zum Träumen.
Das ist der Weg zu den Sternen.

Aus Irland

Freude

Ich wünsche dir,
dass dein Leben
zu einem Fest wird,
dass Freude einkehrt in deinen Alltag
und Freude dich begleitet,
wo immer du bist.

Ich wünsche mir,
dass du dich in tiefster Seele
beschenkt fühlst,
dass du von Grund auf glücklich,
zufrieden und dankbar bist,
ein froher Mensch,
dessen Freude ansteckt.

In uns selbst liegen
die Sterne des Glücks.

Heinrich Heine

Vertrauen

Ich wünsche dir,
dass du den Menschen,
die dir anvertraut sind,
Schutz und Geborgenheit gibst.

Ich wünsche mir,
dass alle es gut haben,
die deinen Schutz
und deine Fürsorge brauchen,
dass du ihre Nöte siehst,
Verständnis für sie hast
und immer für sie da bist.

Welches Glück, wenn jemand dir zuhört,
zu dem du zu sprechen wagen darfst,
als sprächest du zu dir selbst.

Ailred von Rievaulx

Heilige Nacht

Ich wünsche dir
den Frieden der Heiligen Nacht
und Glück, das dich nicht
mehr verlässt.

Ich wünsche mir,
dass du Menschen findest,
die Güte ausstrahlen.
Ich wünsche dir, dass du
Glück bringst,
wo immer du bist,
und deine Zeit mit Menschen teilst,
die dir etwas auf
deinen Weg mitgeben.

Was du in anderen Menschen entzünden willst,
muss erst in dir selbst brennen.

Dale Carnegie

Wunderbares

Ich wünsche dir,
dass du an Wunder glauben kannst,
an das Unvorhersehbare,
das sich auch in deinem Leben
ereignen möchte.

Ich wünsche mir,
dass du allen Versuchungen
zum Pessimismus und zum Aufgeben
kraftvoll widerstehst.
Erinnere dich, wie oft in
deinem Leben ein Engel
an deiner Seite stand,
und wie sich große Probleme oft fast
von selbst gelöst haben.
Glaube daran, dass alles gut wird.

Glück entsteht oft durch Aufmerksamkeiten in kleinen Dingen.

Aus China

Ein guter Stern

Ich wünsche dir,
dass ein guter Stern
über deinem Leben steht,
und dass du nie den Weg verfehlst.

Ich wünsche mir,
dass du immer die Kraft hast,
über den Tag hinaus zu schauen,
den Blick zu erheben
und dich daran zu orientieren,
was wirklich zählt.

Und plötzlich weißt du: Es ist Zeit,
etwas Neues zu beginnen und dem Zauber
des Anfangs zu vertrauen.

Meister Eckhart

Eine Botschaft

Ich wünsche dir,
dass du große Liebe in dir hast
für alles Zarte und Einfache,
für alles Wehrlose und Ohnmächtige,
für alles, was einfach ist
und ohne Falschheit.

Ich wünsche mir, dass du offen bist für die
Botschaft der Kinder,
dass du anderen Vertrauen schenken und sie ohne
Bedingungen lieben kannst,
dass du Menschen unvoreingenommen
begegnen kannst.

Die Liebe lebt
von liebenswürdigen Kleinigkeiten.

Theodor Fontane

Licht in der Dunkelheit

Ich wünsche dir
Licht für deine dunklen Tage
und erleuchtete, helle
Gedanken.

Ich wünsche mir, dass du auch
in schweren Zeiten die Lebenslust
nicht verlierst.

Ich wünsche mir,
dass das Licht der Sonne
immer weit genug scheint,
um dein Herz zu erreichen.

Auch der dunkelste Brunnen
spiegelt das Licht der Sterne.

Aus Bulgarien

Mit Liebe

Ich wünsche dir,
dass du Liebe
und Zuneigung empfängst,
die dich wachsen lässt
in allen Wechselfällen
deines Lebens.

Ich wünsche mir,
dass du die Menschen und Ereignisse
mit Liebe betrachten kannst,
weil du selbst dich geliebt
und angenommen fühlst,
so wie du bist.

Hochstimmung ist das Gefühl,
nach den Sternen greifen zu können, ohne sich
auf die Zehenspitzen stellen zu müssen.

Unbekannt

Neubeginn

Ich wünsche dir,
dass du das Alte und Abgelebte
hinter dir lassen kannst,
und dass du neu geboren wirst.

Ich wünsche mir,
dass du dich versöhnst
mit allem, was schwer gewesen ist,
dass Hoffnung dich beflügelt
und dass du neu anfangen kannst,
wo du in die Sackgasse
geraten bist.

Das Bewusstsein eines erfüllten Lebens
und die Erinnerung an viele gute Stunden
sind das größte Glück auf Erden.

Marcus Tullius Cicero

Erinnerung

Ich wünsche dir,
dass du niemals vergisst,
was deine Mutter für dich getan hat
und was du von deinen Eltern
empfangen hast.

Ich wünsche mir,
dass du ihnen das Gute dankst
und ihnen ihre Schwächen
verzeihen kannst.
Denn sie sind deinen
oft nur zu ähnlich.

Dankbarkeit
ist das Erinnerungsvermögen des Herzens.

Jean-Baptiste Massillon

Ein Engel

Ich wünsche dir,
dass Engel dich auf
allen deinen Wegen
begleiten und schützen.

Ich wünsche mir,
dass Engel dir helfen,
Wege zu finden,
wenn der Alltag dir
zu viele Aufgaben
auf einmal stellt.

Ich wünsche dir,
dass das Licht der Engel
gerade dann für dich leuchtet,
wenn du es dringend brauchst.

Fürbitten heißt:
jemandem einen Engel senden.

Martin Luther

Mitgefühl

Ich wünsche dir,
dass du Mitleid hast mit den Armen,
mit allen Menschen,
die keine Heimat haben,
mit allen, die auf der Flucht sind.

Ich wünsche mir,
dass du niemals hart wirst
in deinem Herzen,
niemals vergesslich und kalt,
niemals ohne Gefühl
für die Leiden der anderen.
Ich wünsche dir, dass du das,
was du hast, teilen kannst mit denen,
die deine Hilfe dringend brauchen.

Güte in den Worten erzeugt Vertrauen,
Güte beim Denken erzeugt Tiefe,
Güte beim Verschenken erzeugt Liebe.

Laotse

Ein frohes Fest

Ich wünsche dir
ein frohes, gesegnetes, glückliches
Weihnachtsfest,
ein Fest, das dich innerlich erneuert,
das deine Seele beglückt,
das dich heilt und
dir innere Freude schenkt.

Ich wünsche mir,
dass der Frieden dieses Festes
lange in dir nachklingt,
dass sein Stern
in deinen Nächten leuchtet
und seine Liebe
Liebe in dir entzündet.
Ich wünsche mir,
dass dieses selige Weihnachten in dir
nicht mehr aufhört.

Bedenke, dass du auch auf einsamen Wegen nie allein gehst. Wenn du an Gott denkst und lauschst, hörst du den Schritt der Engel.

Irischer Segenswunsch

Konzept, Gestaltung und Reproduktion:
Atelier Georg Lehmacher, Friedberg (Bay.)
Umschlagfoto: Shutterstock / Taiga
Druck und Bindung: Offizin Andersen Nexö, Leipzig
ISBN: 978-3-629-10788-6

02 04 05 03 01

www.pattloch.de